# THIS BOOK

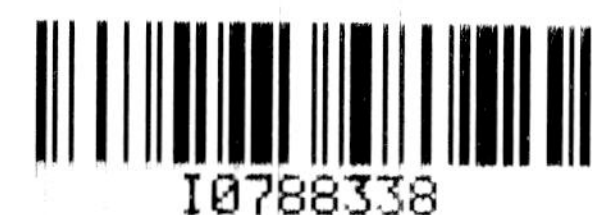


## belongs to:

_______________________________

_______________________________

_______________________________

# COLOR TEST

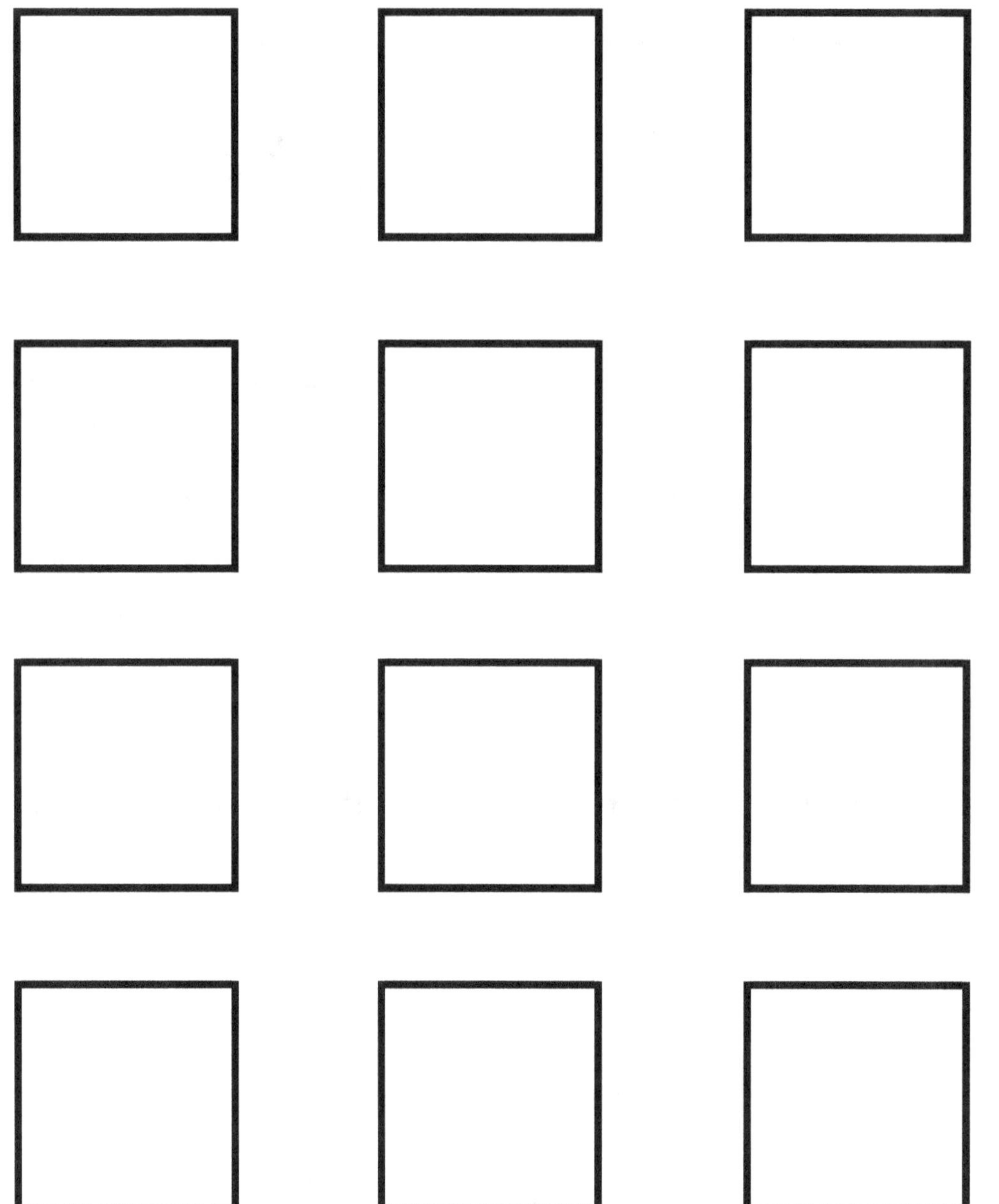

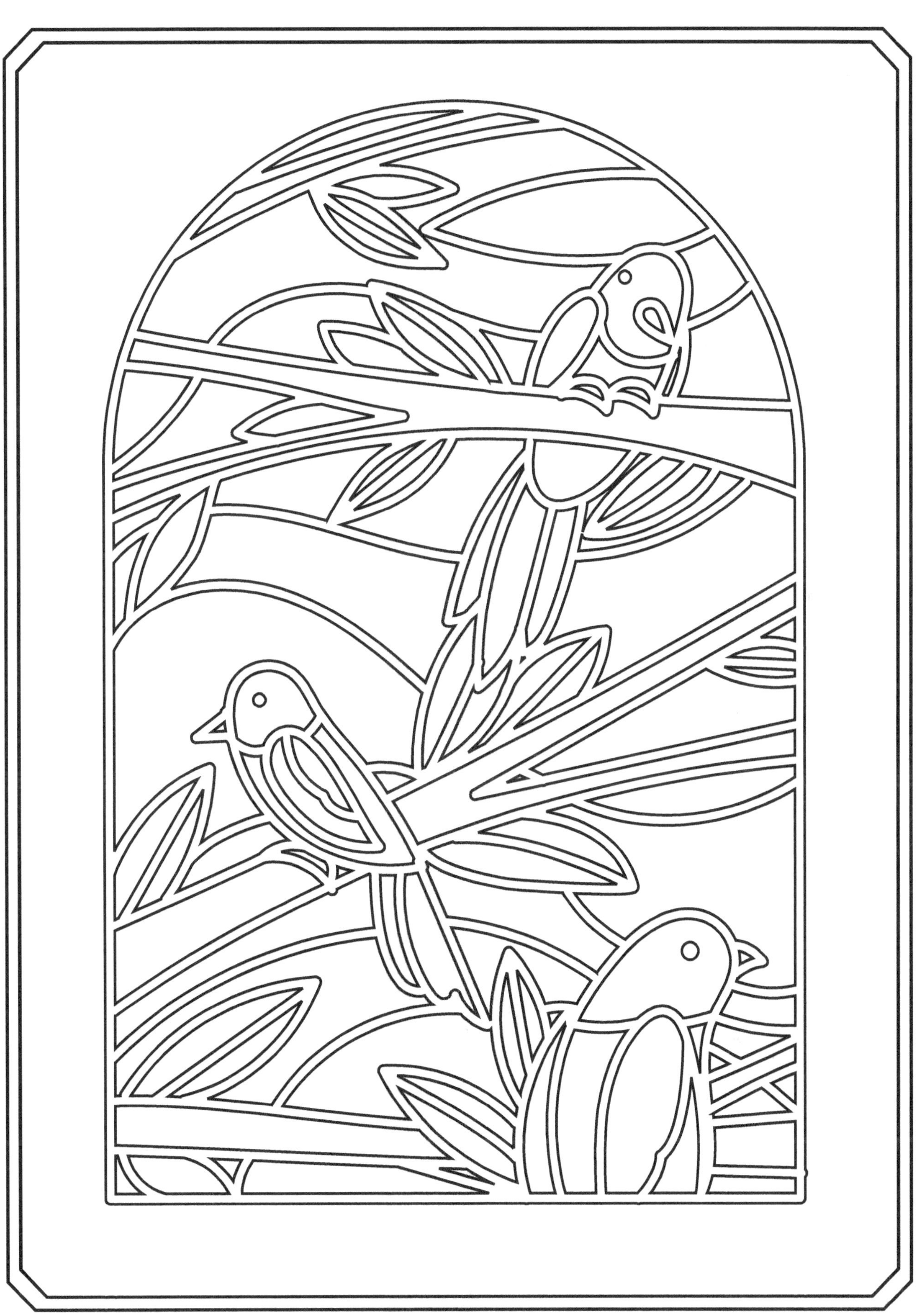

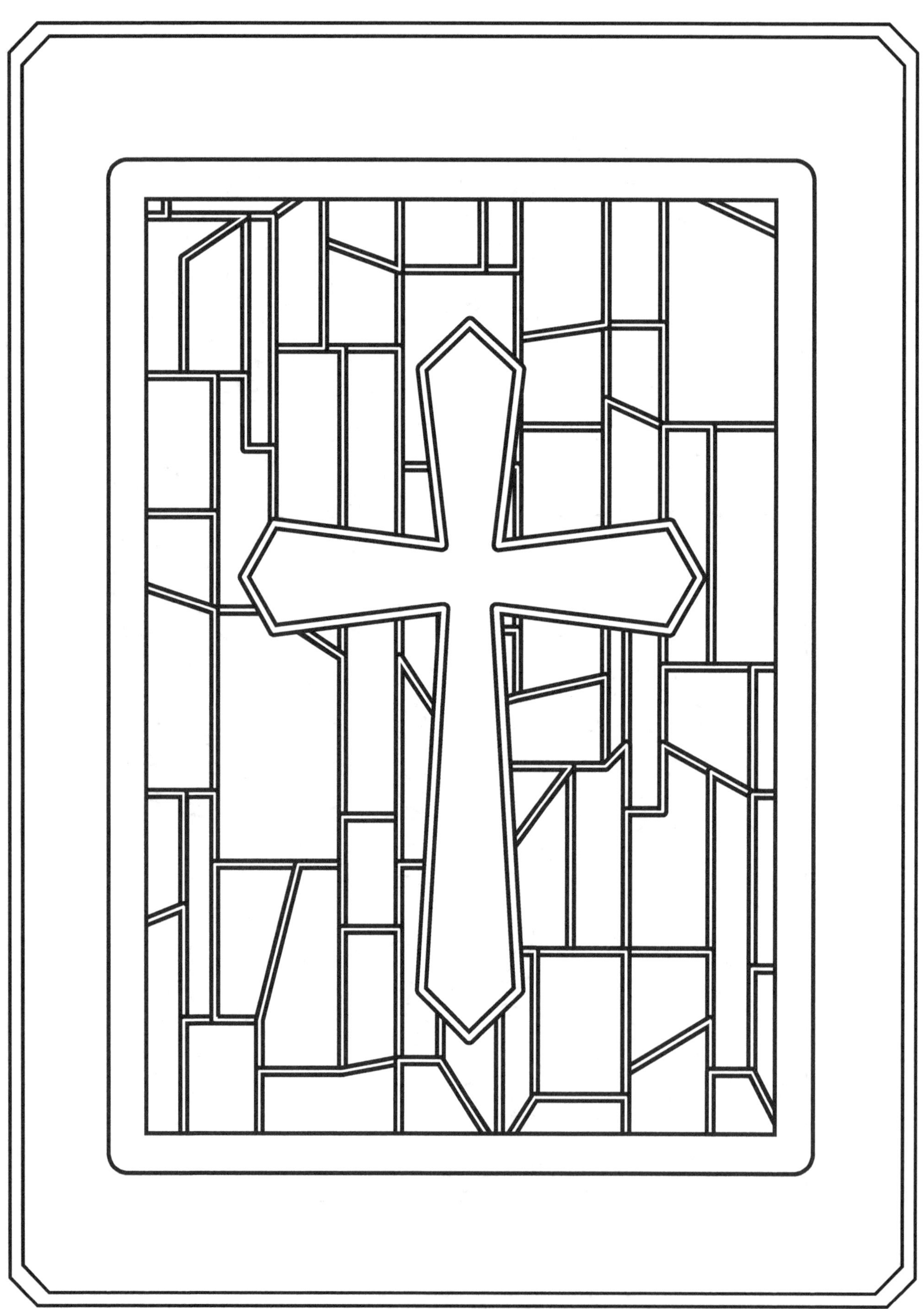

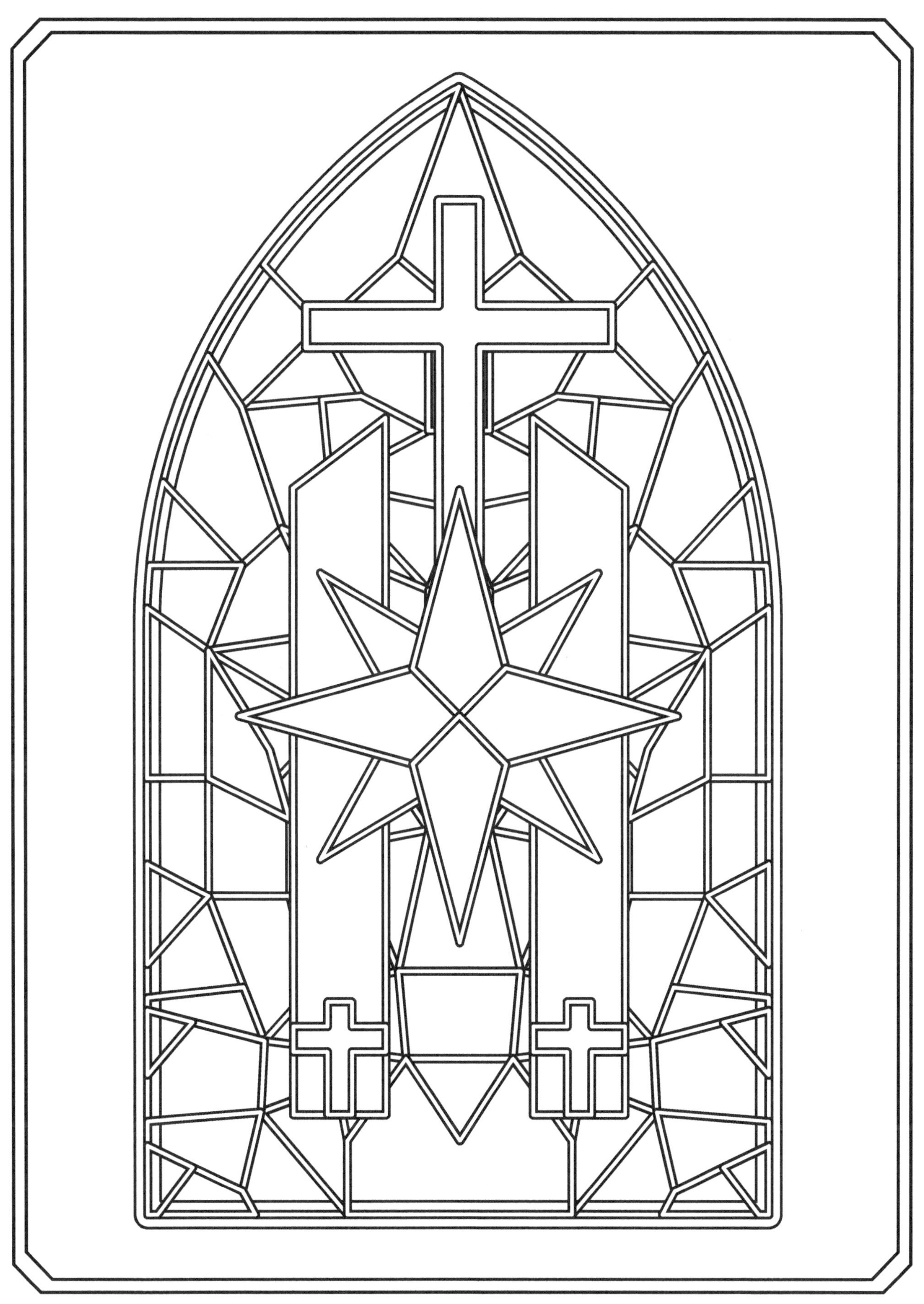

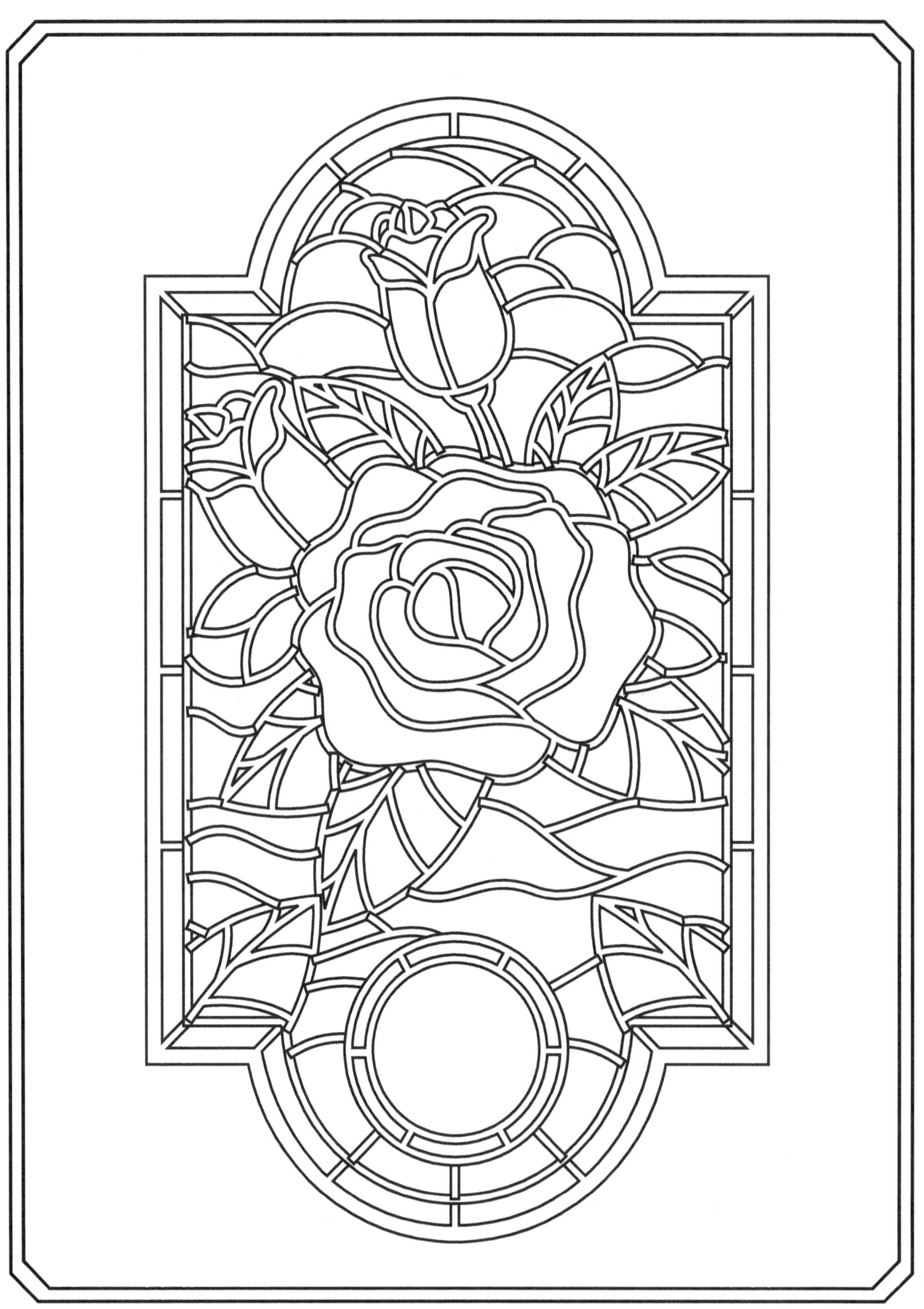

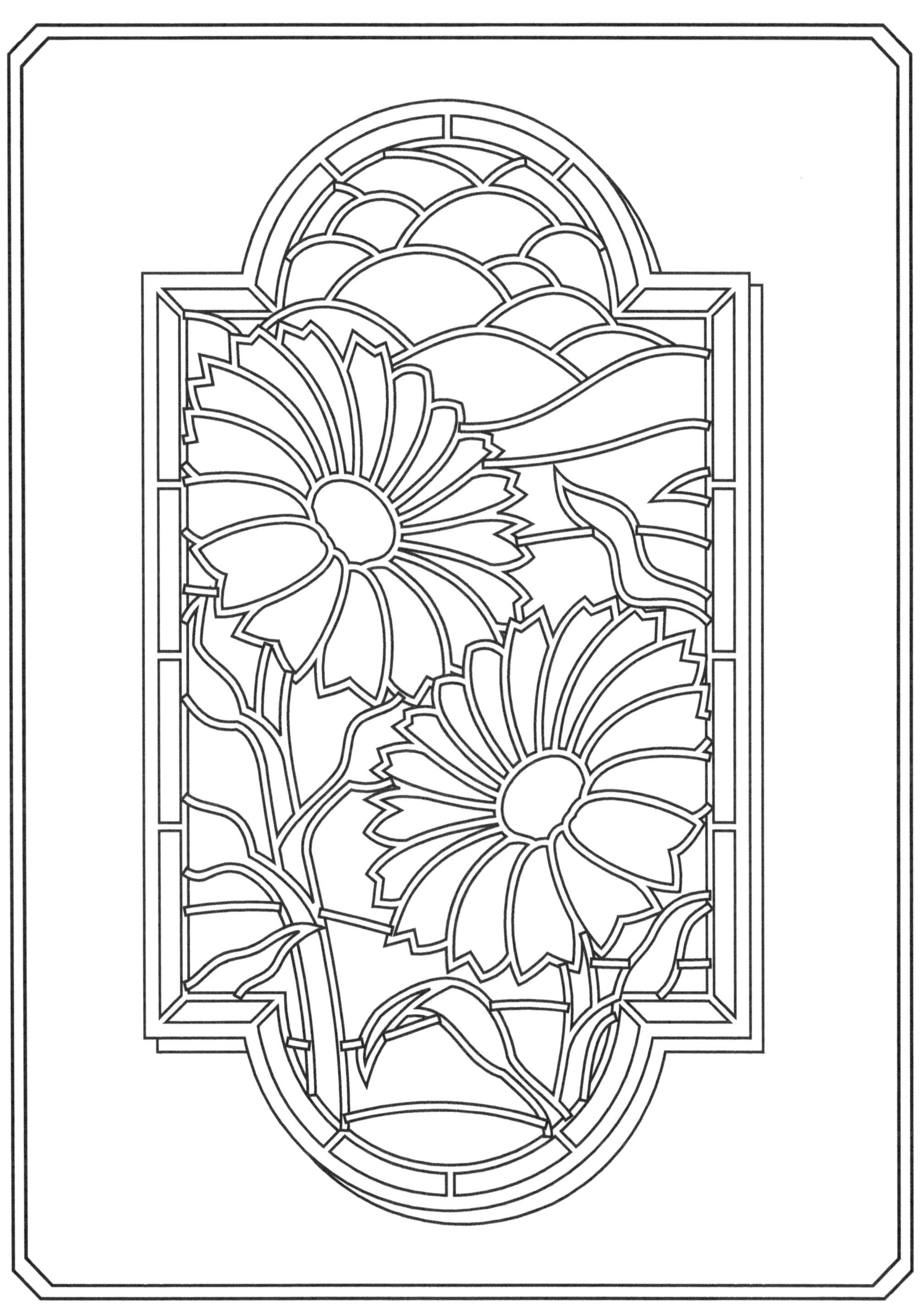

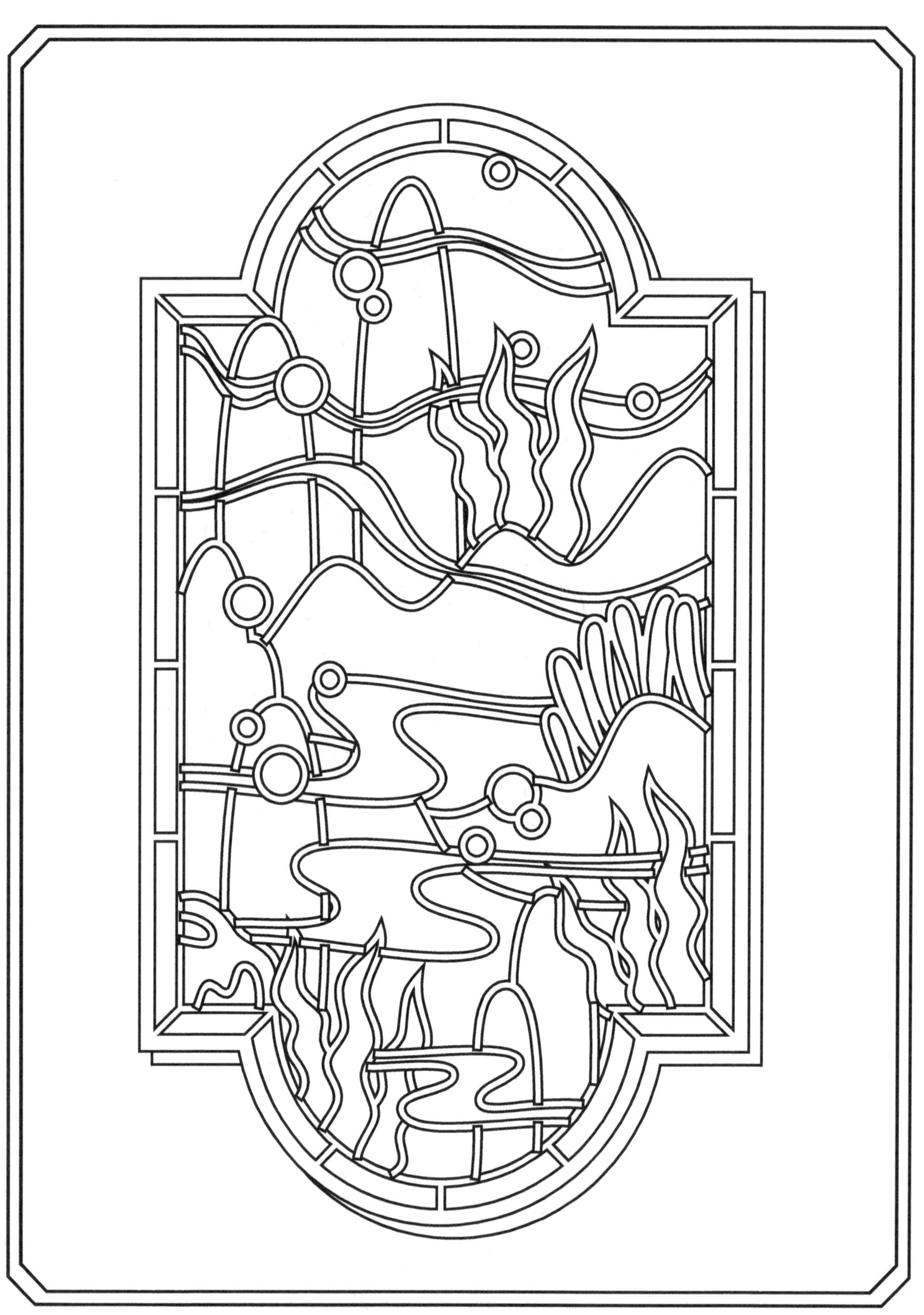

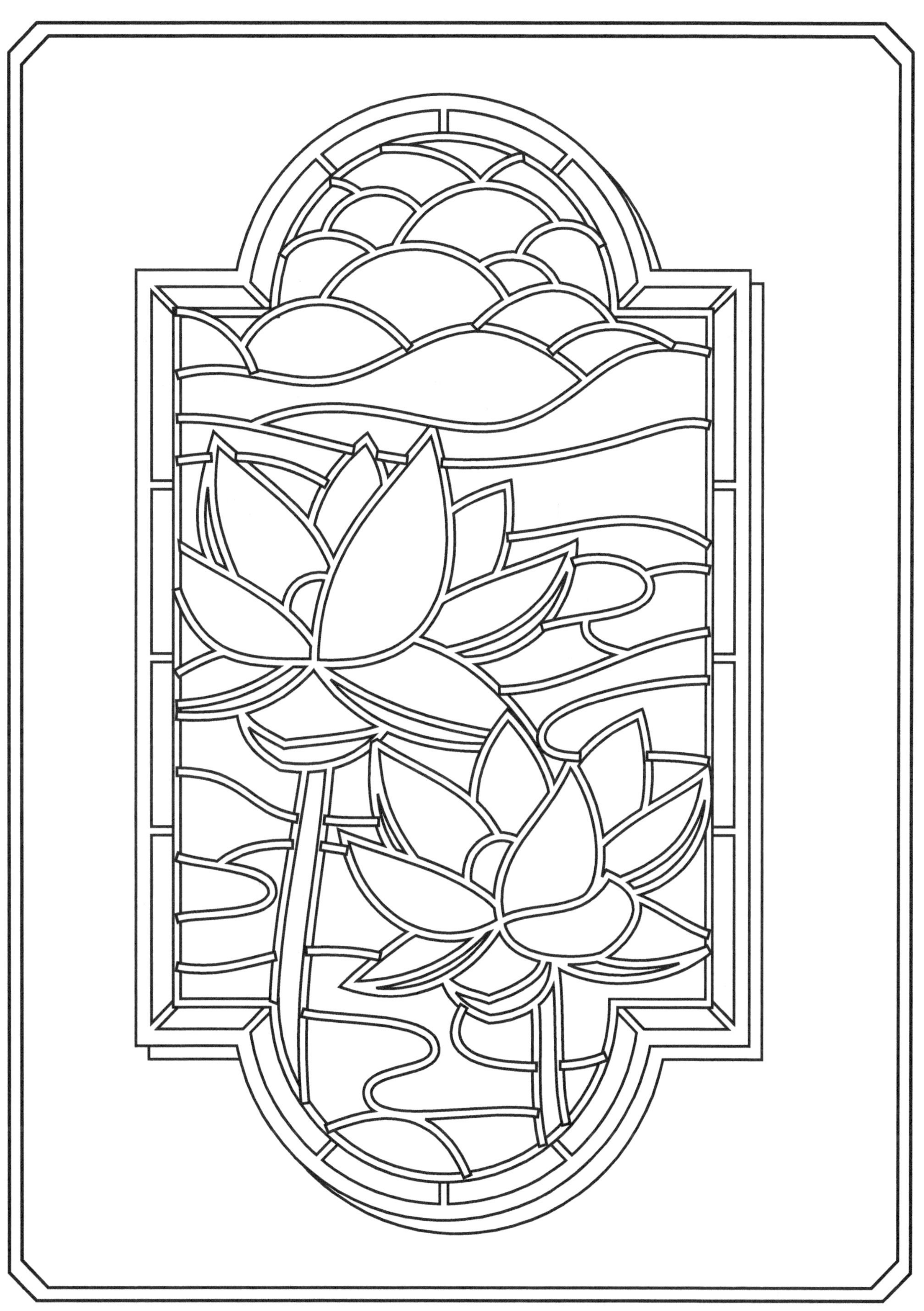

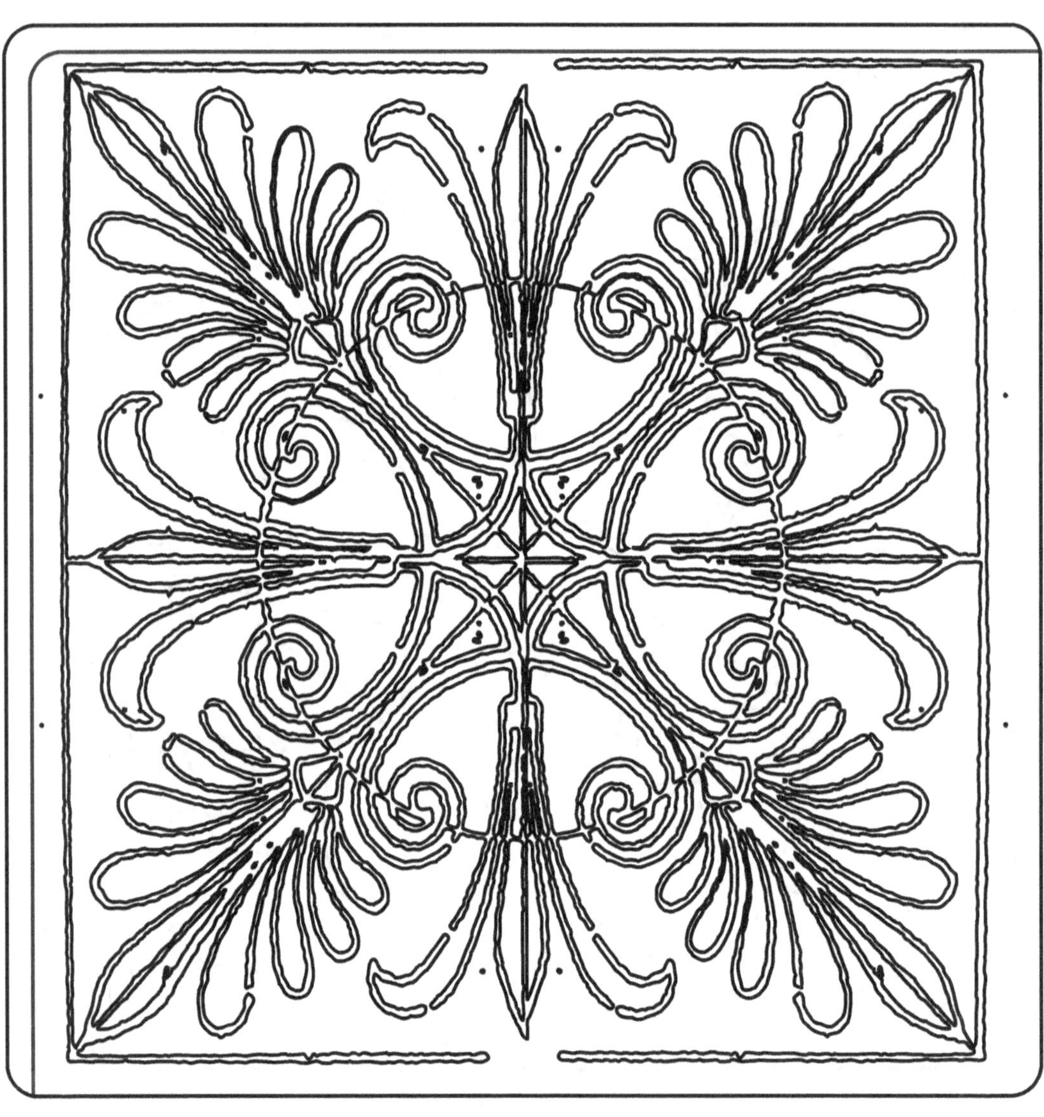

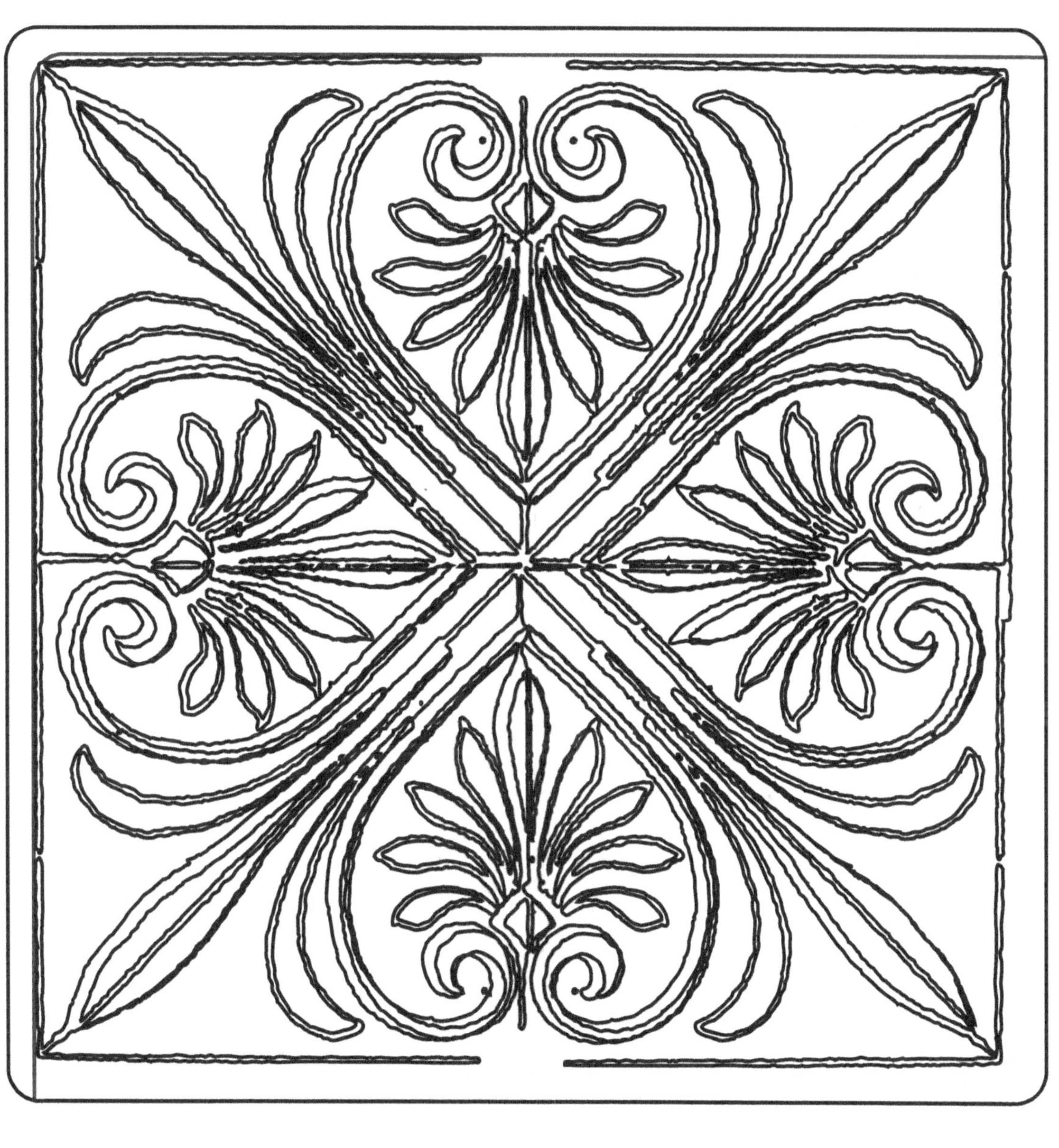

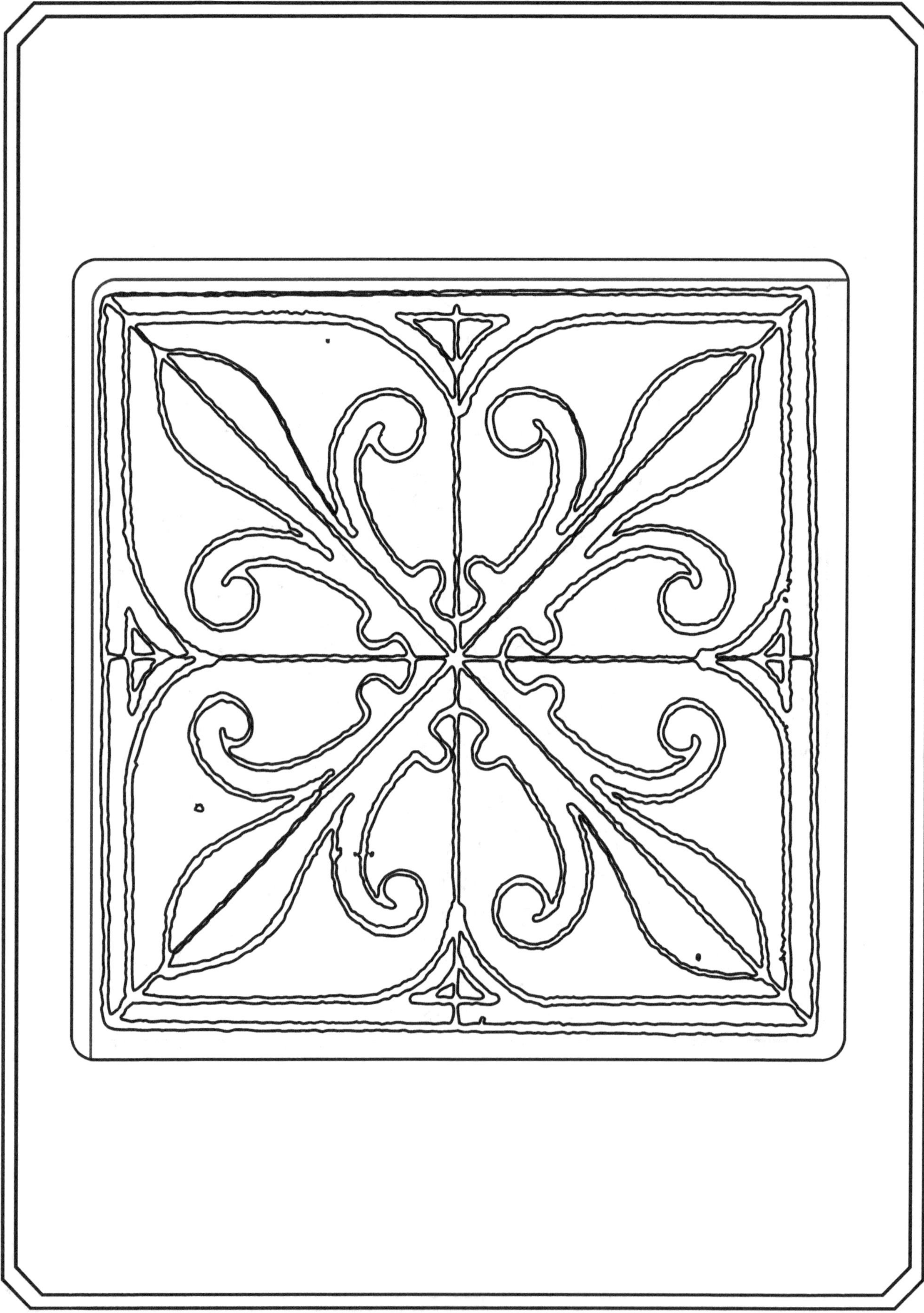

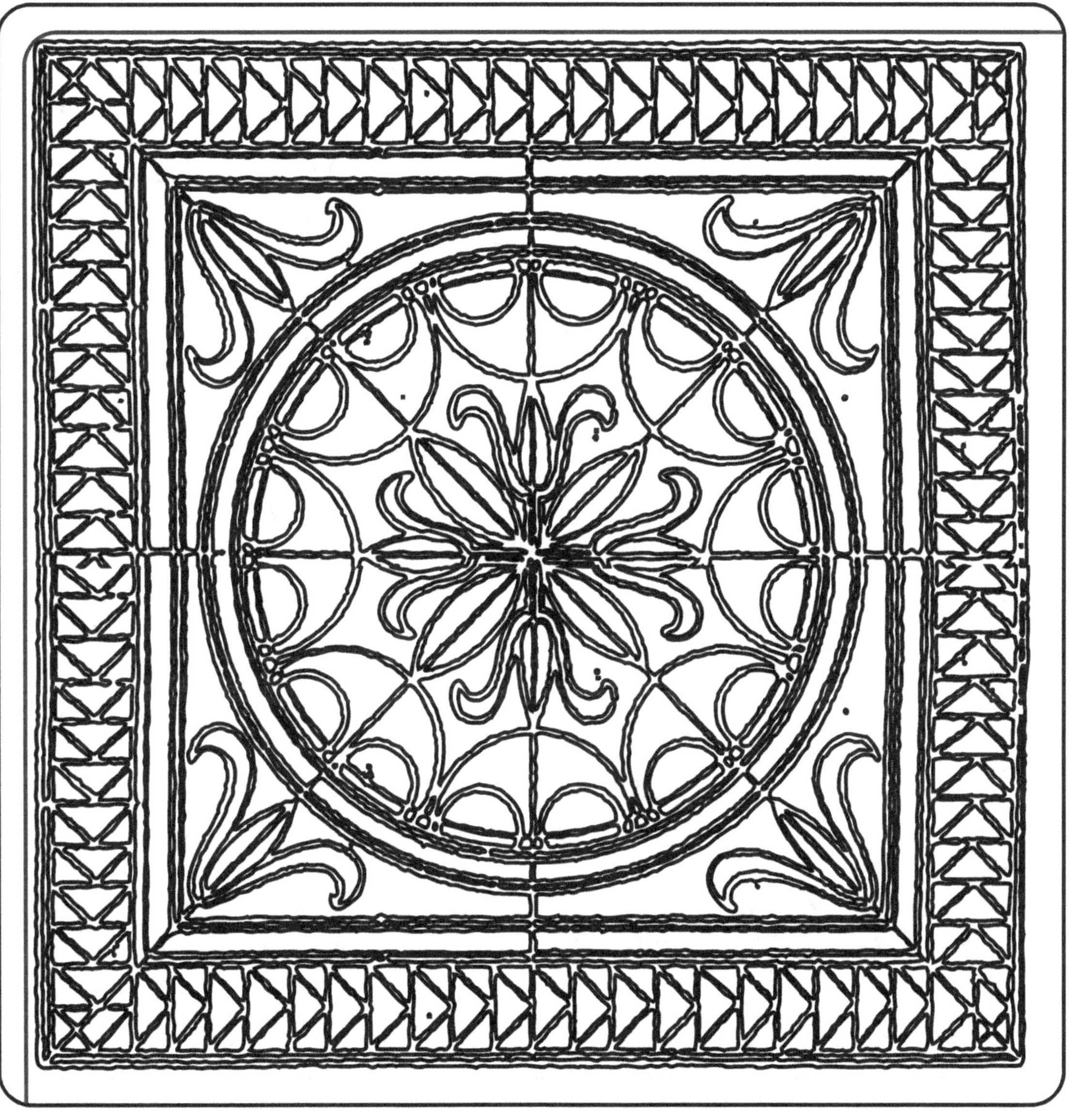

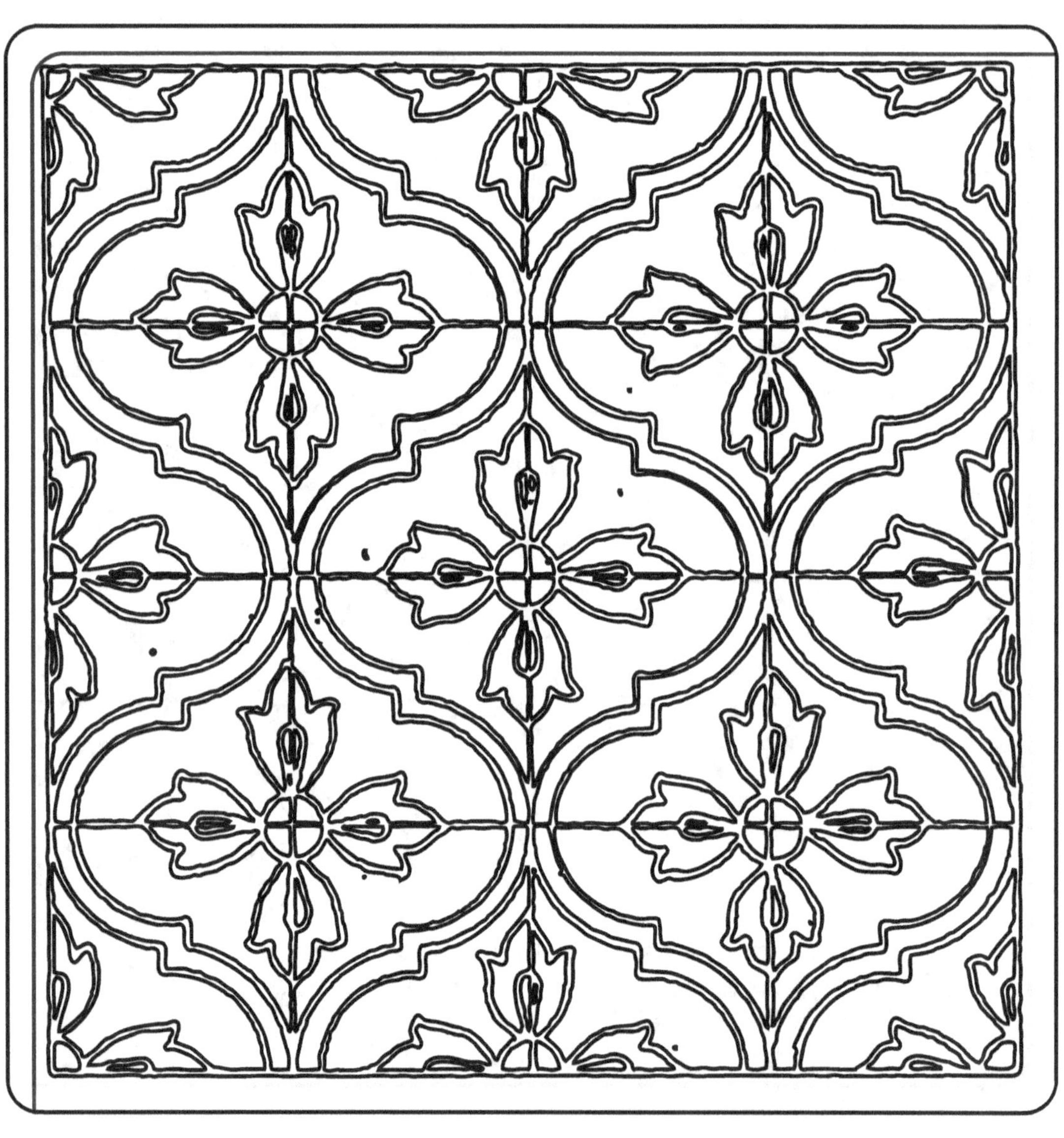

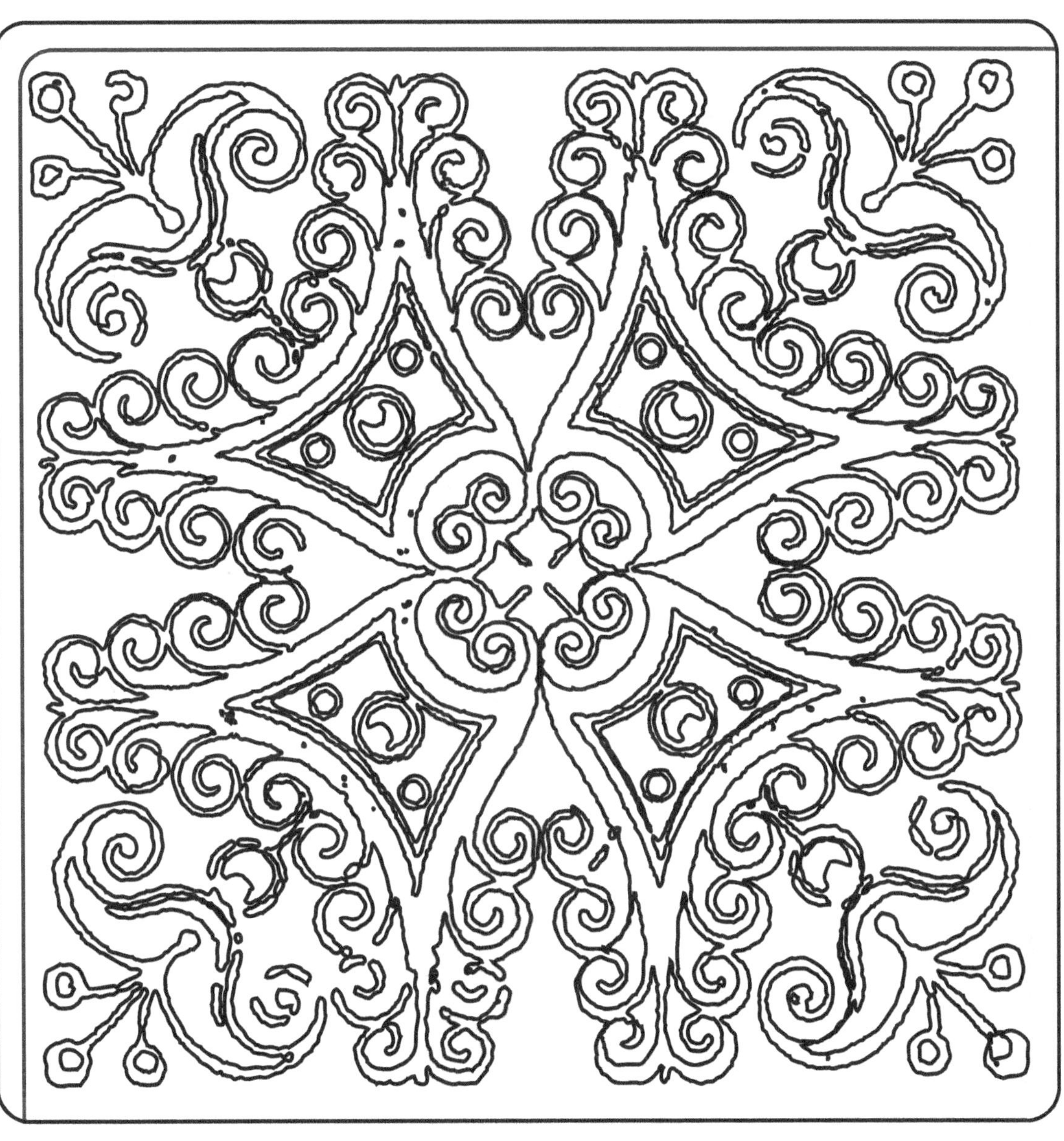

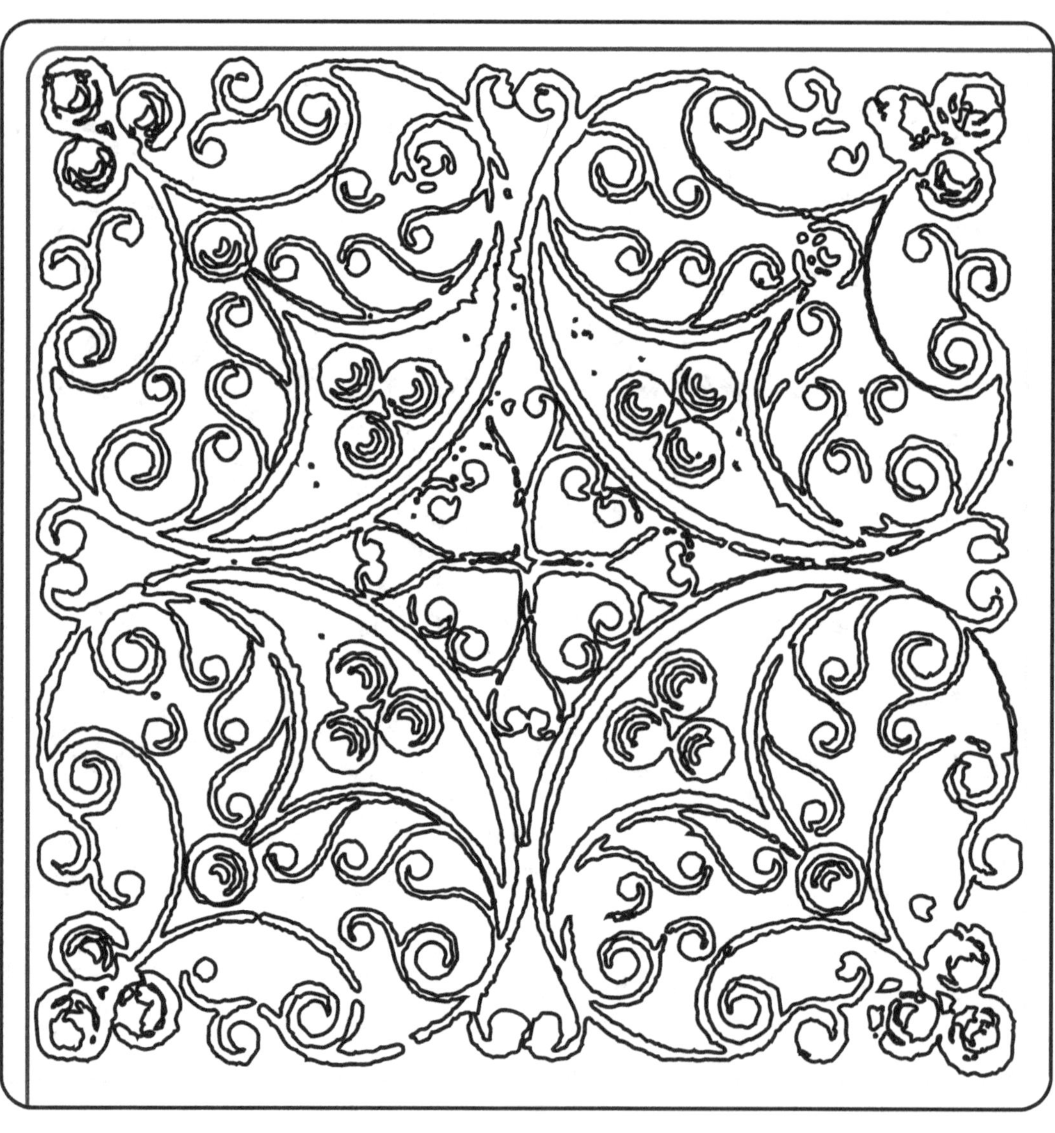

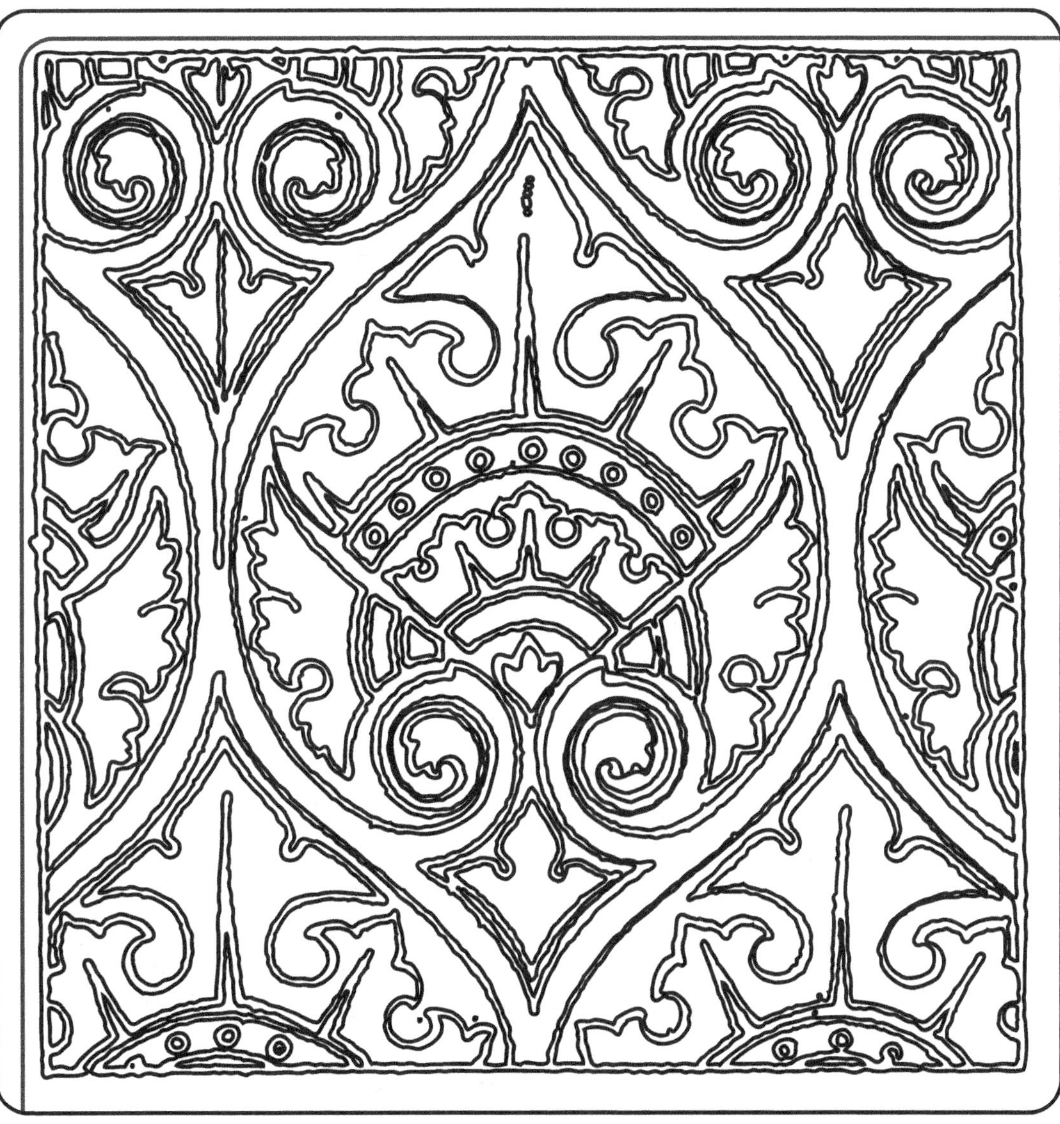

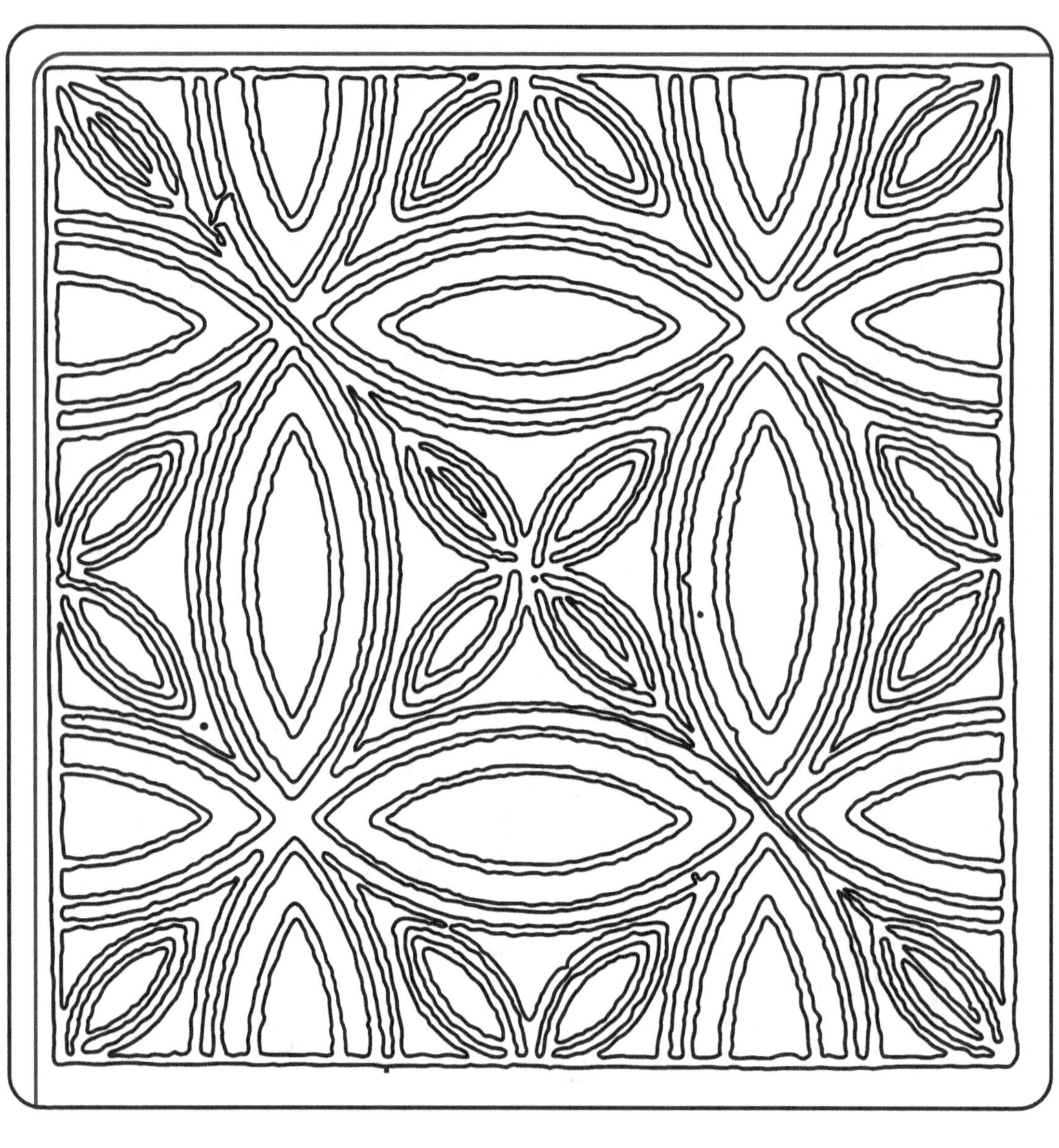

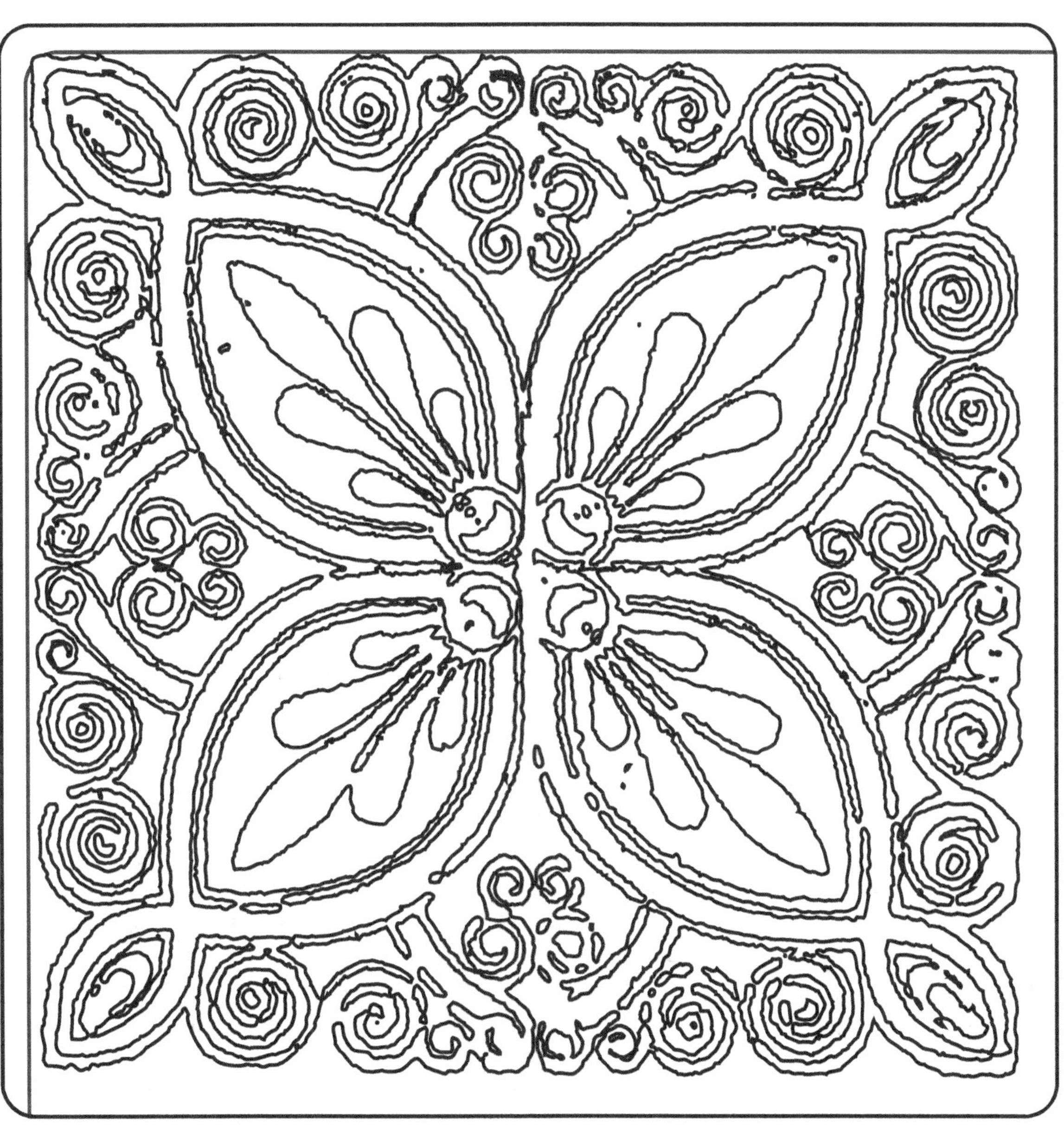

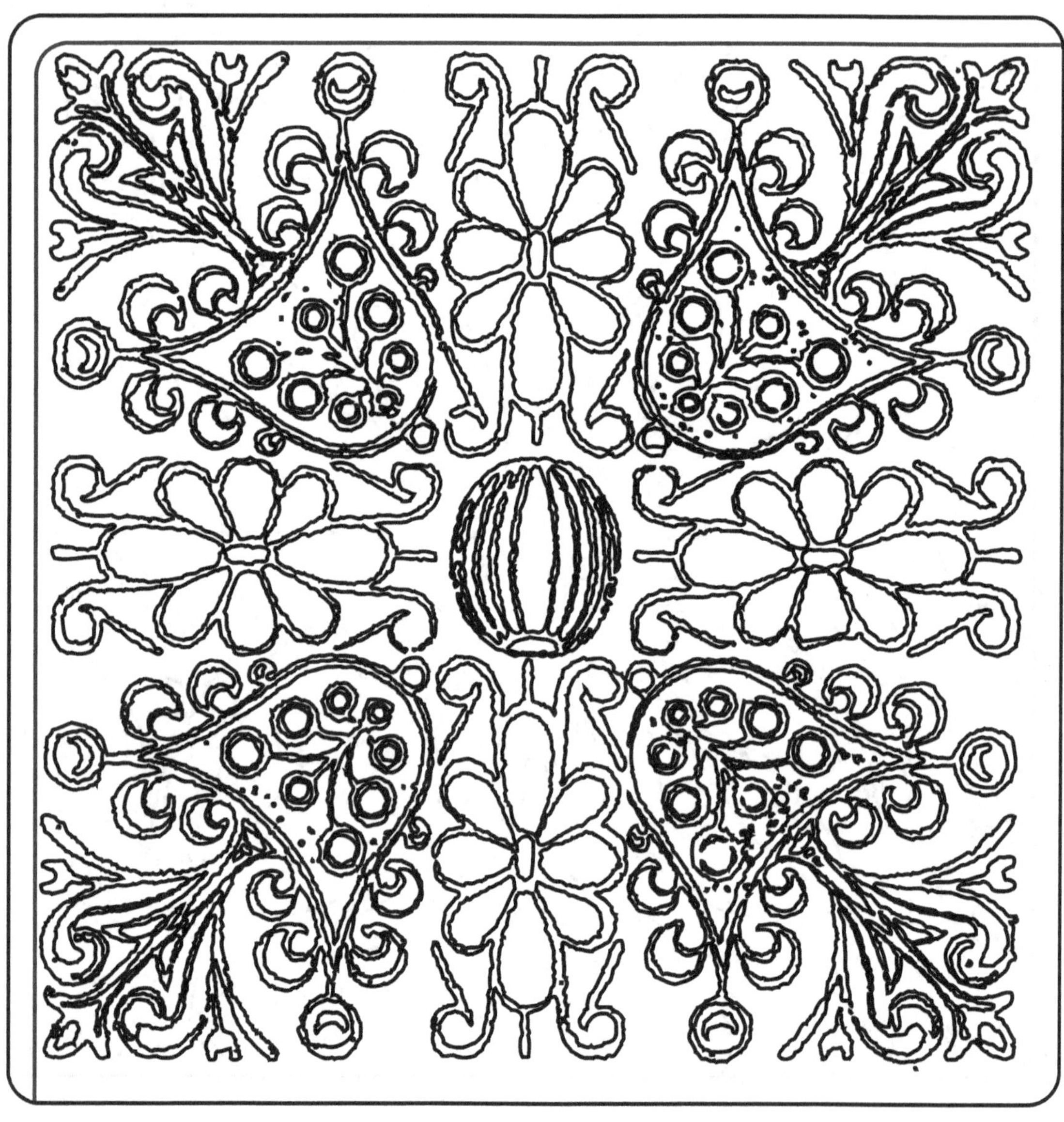

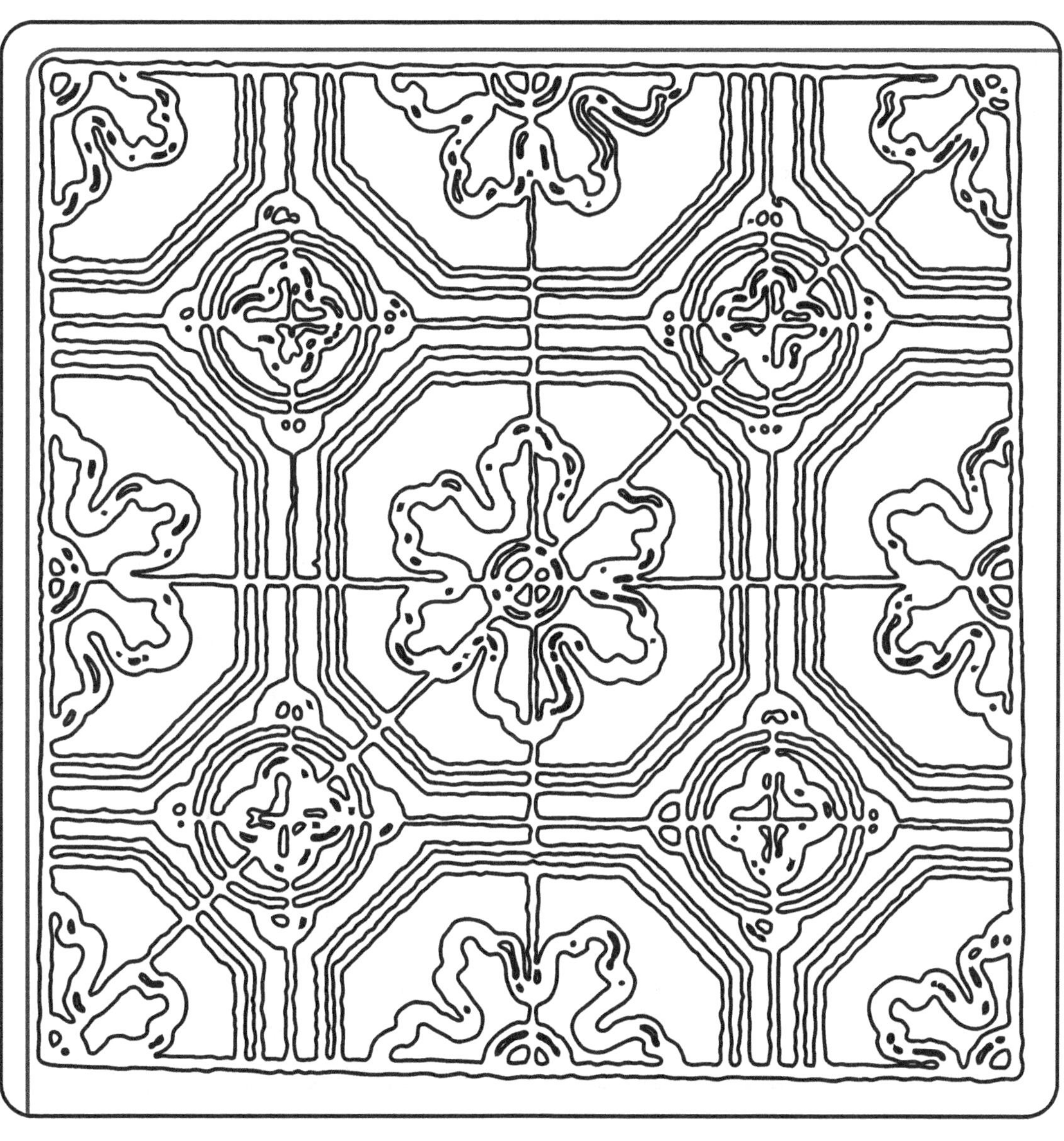

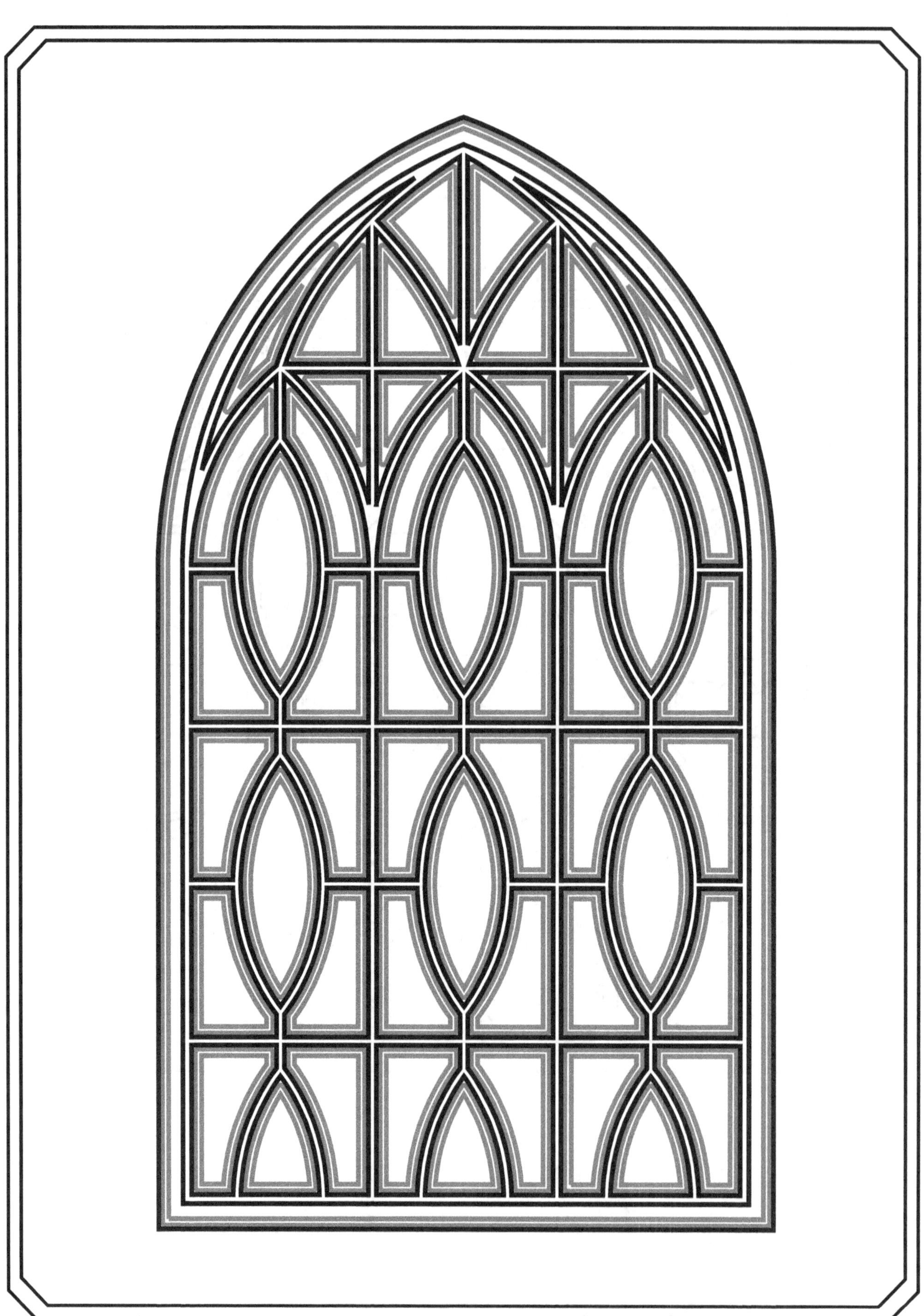

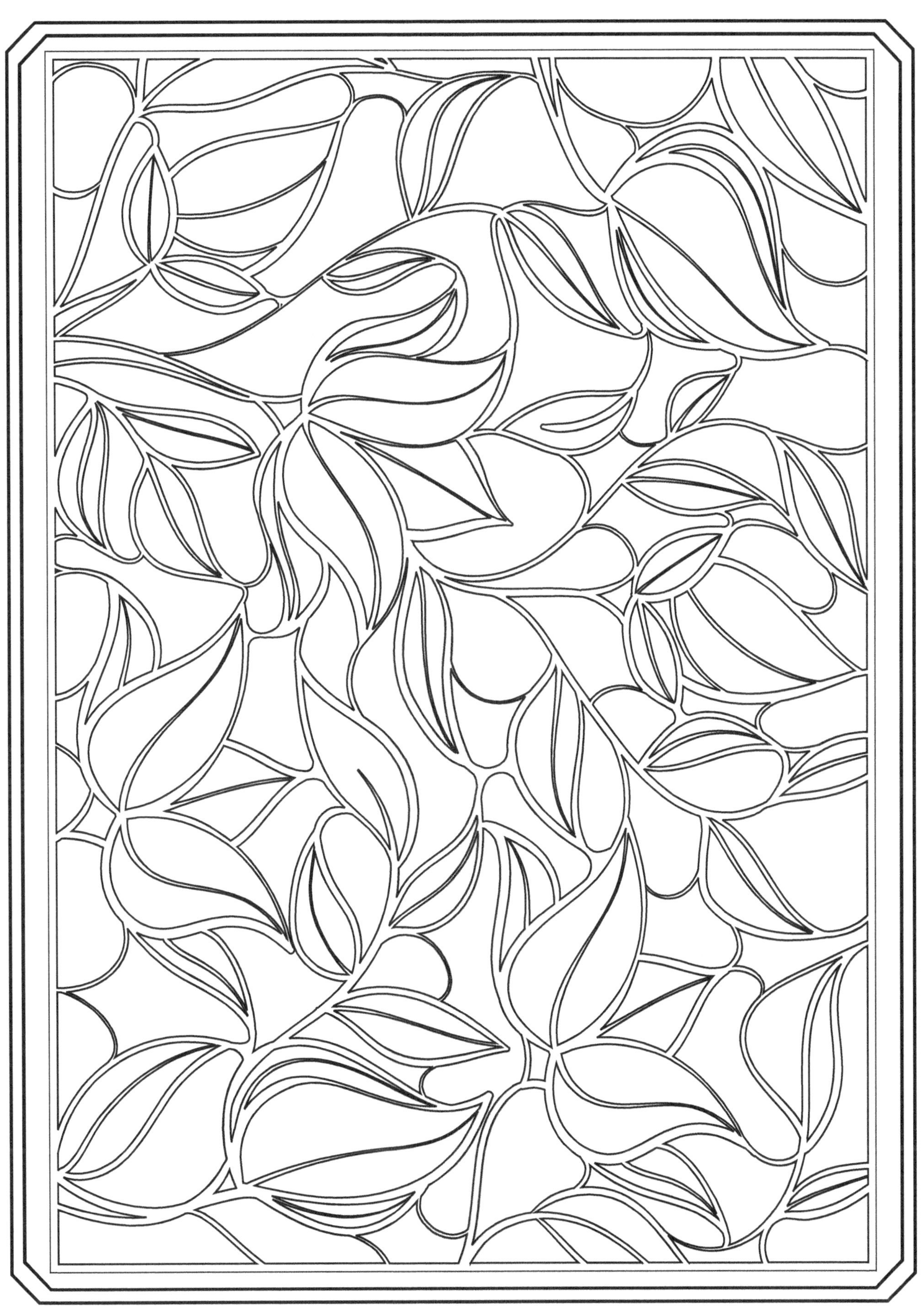

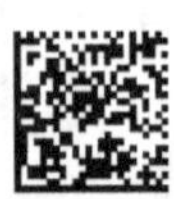